CHRISTA SCHMEDES

EIS AM STIEL

FOTOGRAFIE: VIVI D'ANGELO, AUEN60 PHOTOGRAPHY

INHALT

Öffnen Sie die Klappen dieses Buches.
Dort finden Sie die wichtigsten Infos zum Thema auf einen Blick!

DAS PRINZIP:
EIS AM STIEL

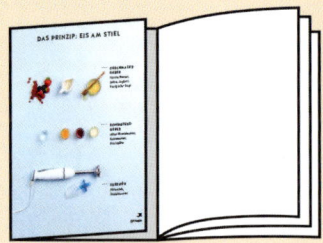

DIE PERFEKTE
KOMBI

Immer griffbereit:

SO GEHT'S:
FRUCHTEIS AM STIEL

Immer griffbereit:

SO GEHT'S:
PERFEKT UMHÜLLT

GU CLOU

Wussten Sie schon, dass ...?
Entdecken Sie bei einigen ausgewähl-
ten Rezepten ganz besondere Tipps
mit verblüffendem Insiderwissen.
Aha-Momente garantiert!

Sammeln Ihrer Lieblingsrezepte
mit der »GU Kochen Plus«-App
(siehe S. 64)

REZEPTKAPITEL

06 ERFRISCHEND FRUCHTIG

26 SCHÖN CREMIG

42 COOL UMHÜLLT

CHRISTA SCHMEDES

Das erste Eis am Stiel entstand vor über 100 Jahren in Kalifornien, als ein 11-jähriger Junge sein halbvolles Glas Limonade mit Löffel auf der Fensterbank vergaß. Nach einer kalten Nacht war die Limonade gefroren. Jahre später ließ er sich das Stieleis unter dem Namen »Popsicles« patentieren.

Welche Erinnerungen verbinde ich mit selbst gemachtem Eis?

Im Garten meiner Eltern gab es sehr viel Obst und Beeren. Meine Geschwister und ich mussten die Beeren sammeln und pflücken. Zur Belohnung durften wir uns aus Beeren und Sahne Frucht-Eis machen. Hierzu holten wir in der örtlichen Wirtschaft kleine Eisblöcke. Diese wurden zerstoßen, mit Salz vermischt und in die Handkurbel-Eismaschine (Holzfass mit Metall-Innenbehälter) gefüllt, damit die Fruchtcreme im Innenbehälter gefrieren konnte. Aus dem fertigen Eis haben wir kleine Kugeln gedreht, ein Holzstäbchen hineingesteckt – fertig! Viele Jahre später haben sich meine Kinder oft Waldheidelbeer-Eis gewünscht. Das »Blaue-Zungen-Spiel« war überaus beliebt.

Warum gerade Eis am Stiel?

Es ist schnell zubereitet und so herrlich einfach zu essen – ob zu Fuß, auf dem Fahrrad, im Auto oder im Kino. Kindern kann man eine Riesenfreude machen, wenn man mit ihnen Stieleis zubereitet.

Rückkehr zur Einfachheit?

Wieder so richtig Lust auf Eis am Stiel bekam ich in Venedig. Dort gab es Eisdielen nur mit Stieleis, aber in den unglaublichsten Kombinationen. So waren nicht nur viele Leute mit Coffee to go unterwegs, sondern auch mit Stieleis to go. Wieder zu Hause kam mir die Idee zu diesem Buch. Ich habe die unterschiedlichsten Kreationen ausprobiert. Mal veganes Eis, mal Eiskombinationen mit Gemüse und Früchten, mal schön cremiges Eis – und alles ohne Ei!

HIMBEER-FRUCHTEIS MIT 3 ZUTATEN

200 g Himbeeren …

… mit 2 EL Himbeersirup
fein pürieren und …

… 250 ml stilles Mineralwasser
unterrühren.

*Die Mischung in 8 Stieleisformen
à ca. 50 ml füllen und mindestens
5 Std. ins Tiefkühlfach stellen.*

ERFRISCHEND FRUCHTIG

Für 6 Stück • Zubereitungszeit: 30 Min. • Tiefkühlzeit: 1 + 1 + 3 Std. • Pro Stück ca. 90 kcal, 1 g E, 0 g F, 19 g KH

MANGO-HIMBEER-EIS

FÜR GÄSTE

1 kleine Mango (ca. 250 g
   Fruchtfleisch, geputzt gewogen)
1 Bio-Limette
75 g Zucker
200 g Himbeeren

AUSSERDEM

6 Stieleisformen à ca. 50 ml
   (nach Belieben andere
   Förmchen und Stiele)

GUT ZU WISSEN

Durch das Vorgefrieren von Früchten und Beeren bilden sich Eiskristalle. Diese werden beim Pürieren der Früchte mit dem Pürierstab zerkleinert. Das Eis erhält dadurch eine besonders cremige Konsistenz.

1 Die Mango schälen, das Fruchtfleisch vom Stein schneiden und klein würfeln. Die Würfel in eine Schüssel geben und für etwa 10 Min. in das Tiefkühlfach stellen.

2 Inzwischen die Limette heiß waschen, abtrocknen und die Schale fein abreiben. Limette halbieren und den Saft auspressen. Zucker mit 125 ml Wasser, Limettenschale und Limettensaft in einen Topf geben und unter Rühren aufkochen. Den Sirup 2 Min. köcheln und etwas abkühlen lassen.

3 Die Hälfte des Sirups über die gekühlten Mangowürfel gießen und alles mit dem Pürierstab fein pürieren. Die Eisformen zu einem Drittel füllen und ohne Stiel ca. 1 Std. tiefkühlen. Übriges Mango-Püree in der Zwischenzeit kühl stellen.

4 Die Himbeeren verlesen, kurz abbrausen. Mit dem zurückbehaltenen Limettensirup fein pürieren. Himbeer-Püree in die Förmchen füllen und diese ohne Stiel 1 Std. tiefkühlen.

5 Zuletzt das zurückbehaltene Mango-Püree auf die Förmchen verteilen, die Eisstiele in die Masse hineinstecken und alles weitere 3 Std. in das Tiefkühlfach stellen.

EIS MIT DURCHSICHT

SOMMER-REZEPT

1 Bio-Zitrone
75 g weißer Rohrzucker
2 Rispen Rote Johannisbeeren
350 ml stilles Mineralwasser
2 Erdbeeren
½ grüner Apfel (z. B. Granny
   Smith)
1 Stück Galia-Melone (ersatzweise Cantaloupe-Melone,
   ca. 350 g Fruchtfleisch, geputzt
   gewogen)

AUSSERDEM

8 Stieleisformen à ca. 50 ml
   (nach Belieben andere
   Förmchen und Stiele)

TAUSCH-TIPP

Für die Kinderparty einfach
2-3 Gummibärchen in die
Stieleisformen geben, mit
Zitronenlimonade auffüllen
und 5 Std. gefrieren lassen.

1 Für den Sirup die Zitrone heiß waschen, abtrocknen und die Schale fein abreiben. Die Zitrone halbieren und den Saft auspressen. 125 ml Wasser mit Zitronenschale, -saft und Zucker aufkochen. 2 Min. köcheln, danach abkühlen lassen.

2 Die Johannisbeeren kurz abbrausen, von den Rispen streifen und mit 1 TL Zitronensirup vermischen. Dann auf 2 Stieleisformen verteilen und diese mit Mineralwasser auffüllen.

3 Erdbeeren kurz abbrausen, entkelchen und in dünne Scheiben schneiden. Mit je 1 TL Zitronensirup auf 2 Stieleisformen verteilen, mit Mineralwasser auffüllen.

4 Den Apfel waschen, entkernen und in dünne Scheiben schneiden. Mit 1 TL Zitronensirup vermischen, in 2 Stieleisformen geben und mit Mineralwasser auffüllen.

5 Mit einem Kugelausstecher kleine Kugeln aus der Melone herausdrehen, mit 1 TL Zitronensirup vermischen, in 2 Stieleisformen geben, mit Mineralwasser auffüllen. Die Förmchen mit Eisstielen versehen und mindestens 5 Std. tiefkühlen.

Für 6 Stück • Zubereitungszeit: 15 Min. •
Tiefkühlzeit: 5 Std. •
Pro Stück ca. 50 kcal, 0 g E, 0 g F, 12 g KH

Für 6 Stück • Zubereitungszeit: 10 Min. •
Tiefkühlzeit: 5 Std. •
Pro Stück ca. 50 kcal, 1 g E, 0 g F, 10 g KH

MINZ-ORANGE-EIS

EINFACH

3 Zweige Minze • 50 g Zucker • 250 ml Orangen-
saft • 6 Stieleisformen à ca. 50 ml (nach Belieben
andere Förmchen und Stiele)

1 Für den Sirup die Minze abbrausen, trocken
schütteln und die Blätter abzupfen. Den Zucker
mit 100 ml Wasser in einen Topf geben und
aufkochen. Die Minzeblättchen hinzufügen und
alles bei mittlerer Hitze 2 Min. köcheln. Den Sirup
durch ein Sieb gießen und abkühlen lassen.

2 Orangensaft mit Sirup verrühren, in die
Formen füllen. Die Förmchen mit Eisstielen versehen und mindestens 5 Std. tiefkühlen.

GRANATAPFEL-EIS

SCHNELL

100 g Himbeeren • 2 EL Himbeersirup •
250 ml Granatapfelsaft • 6 Stieleisformen
à ca. 50 ml (nach Belieben andere Förmchen
und Stiele)

1 Die Himbeeren wenn nötig verlesen und kurz
abbrausen. Die Beeren mit dem Himbeersirup in
einen hohen Rührbecher geben und fein pürieren, das Püree durch ein Sieb streichen.

2 Püree mit Granatapfelsaft verrühren, in die
Formen füllen. Die Förmchen mit Eisstielen versehen und mindestens 5 Std. tiefkühlen.

Für 6 Stück • Zubereitungszeit: 10 Min. •
Tiefkühlzeit: 5 Std. •
Pro Stück ca. 30 kcal, 0 g E, 0 g F, 7 g KH

Für 6 Stück • Zubereitungszeit: 10 Min. •
Kühlzeit: 10 Min. • Tiefkühlzeit: 5 Std. •
Pro Stück ca. 55 kcal, 1 g E, 3 g F, 5 g KH

ERDBEER-MELONE-EIS

SCHNELL

*1 Stück Wassermelone (ca. 250 g Fruchtfleisch,
geputzt gewogen) • 2 EL Agavendicksaft •
200 g roter Fruchtsaft (z. B. Erdbeerfruchtsaft,
Kirschsaft oder Johannisbeersaft) • 3 Erdbeeren •
6 Stieleisformen à ca. 50 ml (nach Belieben andere
Förmchen und Stiele)*

1 Die Wassermelone aus der Schale lösen,
entkernen und grob würfeln. Melonenwürfel
und Agavendicksaft in einen hohen Rührbecher
geben und mit dem Pürierstab pürieren.

2 Das Püree mit dem Fruchtsaft verrühren und
in die Formen füllen. Erdbeeren abbrausen,
entkelchen und halbieren. Jeweils eine Erdbeer-
hälfte in die Formen geben. Die Förmchen mit
Eisstielen versehen und alles für mindestens
5 Std. in das Tiefkühlfach stellen.

ANANAS-KOKOS-EIS

VEGAN

*1 Stängel Zitronenmelisse • 100 ml Kokosmilch •
1 EL Ahornsirup • 1 EL Zitronensaft • 200 ml Ana-
nassaft • 6 Stieleisformen à ca. 50 ml (nach Belieben
andere Förmchen und Stiele)*

1 Die Zitronenmelisse abbrausen und trocken
schütteln. Kokosmilch, Ahornsirup und Zitronensaft in einen kleinen Topf geben, die Zitronenmelisse hinzufügen und alles bei geringer Hitze
etwa 5 Min. ziehen lassen. Anschließend 10 Min.
kühl stellen. Zitronenmelisse entfernen.

2 Die Kokosmilch-Mischung und den Ananas-
saft in einen hohen Rührbecher füllen und mit
dem Pürierstab cremig mixen. Die Creme in die
Formen verteilen. Die Förmchen mit Eisstielen
versehen und mindestens 5 Std. tiefkühlen.

Für 8 Stück • Zubereitungszeit: 20 Min. • Tiefkühlzeit: 5 Std. • Pro Stück ca. 30 kcal, 0 g E, 0 g F, 7 g KH

ZWEIERLEI FRUCHTEIS

FÜR KINDER

100 g Erdbeeren
2 EL Honig (z. B. Blütenhonig)
300 ml stilles Mineralwasser
1 Stück Honigmelone
  (ca. 150 g Fruchtfleisch,
  geputzt gewogen)

AUSSERDEM
8 Stieleisformen à ca. 50 ml
  (nach Belieben andere
  Förmchen und Stiele)

1 Die Erdbeeren abbrausen, trocken tupfen, entkelchen und vierteln. Die Fruchtstücke, 1 EL Honig und 150 ml Mineralwasser in einen hohen Rührbecher geben und mit dem Pürierstab fein pürieren. Die Masse gleichmäßig auf 4 Eisförmchen verteilen.

2 Rührbecher reinigen. Die Melone entkernen, schälen und grob würfeln. Das Melonenfruchtfleisch mit 1 EL Honig und 150 ml Mineralwasser in den gereinigten Rührbecher füllen und gleichfalls fein pürieren. Das Frucht-Püree auf die übrigen 4 Formen verteilen. Die Förmchen mit Eisstielen versehen und mindestens 5 Std. tiefkühlen.

Für 6 Stück • Zubereitungszeit: 10 Min. • Tiefkühlzeit: 5 Std. • Pro Stück ca. 20 kcal, 0 g E, 0 g F, 4 g KH

ORANGEN-KLASSIKER

ZUM HERAUSSCHIEBEN

1 Orange
50 g Erdbeeren
1 EL Agavendicksaft
200 ml stilles Mineralwasser

AUSSERDEM
6 flexible Eistüten-Formen
  (nach Belieben andere
  Förmchen und Stiele)

1 Orange halbieren, Saft auspressen und 100 ml abmessen. Erdbeeren abbrausen, trocken tupfen, entkelchen und klein schneiden.

2 Orangensaft, klein geschnittene Erdbeeren und Agavendicksaft in einen hohen Rührbecher geben und mit dem Pürierstab fein pürieren. Anschließend das Mineralwasser unterrühren.

3 Die Mischung auf die Eisformen verteilen. Die Formen verschließen und für mindestens 5 Std. in das Tiefkühlfach geben.

4 Vor dem Eisvergnügen die Formen aus dem Tiefkühlfach nehmen und kurz antauen lassen. Dann den Deckel entfernen, das Eis langsam von unten nach oben schieben und genießen.

Für 6 Stück • Zubereitungszeit: 10 Min. • Tiefkühlzeit 5 Std. • Pro Stück ca. 60 kcal, 2 g E, 0 g F, 11 g KH

HEIDELBEER-BUTTERMILCH-EIS

EINFACH

200 g Heidelbeeren
1 Bio-Orange
50 ml Ahornsirup
250 g Buttermilch

AUSSERDEM
6 Stieleisformen à ca. 50 ml
  (nach Belieben andere
  Förmchen und Stiele)

TAUSCH-TIPP
Statt Heidelbeeren kann man
auch prima andere Beeren wie
z. B. Brombeeren, Erdbeeren
oder Himbeeren verwenden.

1 Die Heidelbeeren verlesen, kurz abbrausen und trocken tupfen. Orange heiß waschen, abtrocknen und 1 TL Schale fein abreiben. Die Orange halbieren und den Saft auspressen.

2 Heidelbeeren und Orangensaft in einen hohen Rührbecher geben und mit dem Pürierstab fein pürieren. Ahornsirup, Orangenschale und Buttermilch hinzufügen und kräftig untermixen.

3 Masse in die Formen füllen. Die Förmchen mit Eisstielen versehen und für mindestens 5 Std. in das Tiefkühlfach stellen.

Für 6 Stück • Zubereitungszeit: 20 Min. • Kühlzeit: 10 Min. • Tiefkühlzeit: 6 Std. •
Pro Stück ca. 145 kcal, 1 g E, 7 g F, 17 g KH

KIRSCH-KOKOS-EIS

EXOTISCH

100 g Kirschkonfitüre
1 EL Himbeersirup
1 Zitrone
150 ml Kokosmilch
50 g Sahne
30 g Puderzucker

AUSSERDEM
6 Stieleisformen à ca. 50 ml
(nach Belieben andere
Förmchen und Stiele)

1 Konfitüre und Sirup in einen hohen Rührbecher geben und mit dem Pürierstab pürieren. Die Mischung durch ein Sieb streichen und 10 Min. in das Tiefkühlfach stellen, danach in den Kühlschrank.

2 Zitrone halbieren, den Saft auspressen. Zitronensaft mit Kokosmilch, Sahne und Puderzucker verrühren. Zwei Drittel der Mischung auf die Formen verteilen und diese ohne Stiel 1 Std. tiefkühlen.

3 Die Formen zu zwei Dritteln mit der restlichen Kokosmilch-Mischung füllen und nochmals für 1 Std. in das Tiefkühlfach stellen. Das Kirsch-Püree zu gleichen Teilen in die Formen geben. Die Förmchen mit Eisstielen versehen und alles weitere 4 Std. tiefkühlen.

REGENBOGEN-POPSICLES

FÜR KINDER

1 Kiwi (ca. 100 g Fruchtfleisch,
   geputzt gewogen)
90 ml Agavendicksaft
1 TL Waldmeistersirup
   (nach Belieben)
300 g Joghurt (3,5 % Fett)
100 g Himbeeren
2 reife Aprikosen (ca. 100 g Fruchtfleisch, geputzt gewogen)

AUSSERDEM

8 Stieleisformen à ca. 50 ml
   (nach Belieben andere
   Förmchen und Stiele)

TAUSCH-TIPP

Durch eine geänderte Reihen-
folge der Zutaten lassen sich
die Stieleisformen farblich
ganz unterschiedlich füllen.

1 Die Kiwi schälen, halbieren und klein würfeln. Kiwiwürfel mit 30 ml Agavendicksaft in einem Topf unter Rühren kurz aufkochen lassen. Danach durch ein Sieb streichen. Kiwi-Püree, nach Belieben Waldmeistersirup und 100 ml Joghurt in einen hohen Rührbecher geben und mit dem Pürierstab fein pürieren. In eine Schüssel umfüllen, kühl stellen. Rührbecher reinigen.

2 Die Himbeeren wenn nötig verlesen und kurz abbrausen. Mit 30 ml Agavendicksaft und 100 g Joghurt in den Rührbecher geben und mit dem Pürierstab fein pürieren. In eine Schüssel umfüllen und kühl stellen, den Rührbecher reinigen.

3 Die Aprikosen waschen, trocken tupfen, halbieren und entsteinen. Hälften klein würfeln. Die Fruchtstücke mit 30 ml Agavendicksaft und 100 g Joghurt in den Rührbecher füllen und mit dem Pürierstab fein pürieren. Kühl stellen.

4 Etwas Himbeer-Püree in die Formen geben und 1 Std. tiefkühlen, danach Aprikosen-Püree hinzufügen und abermals 1 Std. tiefkühlen. Mit Kiwi-Püree abschließen. Die Förmchen mit Eisstielen versehen und mindestens 3 Std. tiefkühlen.

Für 6 Stück • Zubereitungszeit: 15 Min. • Tiefkühlzeit: 5 Std. • Pro Stück ca. 55 kcal, 0 g E, 0 g F, 13 g KH

GEEISTER APERITIF

FÜR GÄSTE

1 Bio-Zitrone
75 g weißer Rohrzucker
1 Mini-Salatgurke (ca. 200 g)
3 Stängel Thai-Basilikum
300 ml stilles Mineralwasser
2 TL Wodka (nach Belieben)

AUSSERDEM
6 Stieleisformen à ca. 50 ml
    (nach Belieben andere
    Förmchen und Stiele)

1 Für den Sirup die Zitrone heiß waschen, abtrocknen und die Schale fein abreiben. Die Zitrone halbieren und den Saft auspressen. 125 ml Wasser mit Zitronenschale, Zitronensaft und Zucker aufkochen. Den Sirup 2 Min. köcheln, danach abkühlen lassen.

2 Gurke putzen, waschen, in 12 gleich große Scheiben schneiden. Basilikum abbrausen, trocken schütteln und die Blätter abzupfen.

3 Jeweils ½ TL Zitronensirup in die Stieleisformen füllen. Ein paar Basilikumblättchen und je 2 Gurkenscheiben dazugeben, mit Mineralwasser auffüllen. Nach Belieben Wodka zugeben. Förmchen mit Eisstielen versehen und mindestens 5 Std. tiefkühlen.

Für 8 Stück • Zubereitungszeit: 15 Min. • Tiefkühlzeit: 5 Std. • Pro Stück ca. 20 kcal, 0 g E, 0 g F, 5 g KH

SMOOTHIE-EIS

KALORIENARM

200 ml stilles Mineralwasser
1 Mini-Salatgurke (ca. 200 g)
1 Stück Ananas
(ca. 200 g Fruchtfleisch,
geputzt gewogen)
1 Handvoll Rucola
1 Stängel Zitronenmelisse
1 EL Agavendicksaft
Meersalz

AUSSERDEM
8 Stieleisformen à ca. 50 ml
(nach Belieben andere
Förmchen und Stiele)

1 Mineralwasser kühl stellen. Gurke putzen, waschen und längs halbieren. Kerne entfernen, das Fruchtfleisch klein schneiden. Die Ananas aus der Schale herauslösen, den harten Strunk aus der Mitte entfernen und das Fruchtfleisch in kleine Würfel schneiden. Rucola verlesen, abbrausen und trocken schütteln. Melisse abbrausen, trocken schütteln und die Blättchen abzupfen.

2 Gurke, Ananas, Rucola und Melisse in einen hohen Rührbecher geben. Agavendicksaft und 1 Prise Meersalz hinzufügen und alles mit dem Pürierstab fein pürieren. Das Mineralwasser hinzufügen und untermixen, bis die Konsistenz schön cremig ist. Den Smoothie in die Formen verteilen. Die Förmchen mit Eisstielen versehen und für mindestens 5 Std. in das Tiefkühlfach stellen.

Für 6 Stück • Zubereitungszeit: 15 Min. • Tiefkühlzeit: 5 Std. • Pro Stück ca. 60 kcal, 1 g E, 1 g F, 12 g KH

TROPICAL TOFU-EIS

VEGAN

1 Mango (ca. 300 g Frucht-
*   fleisch, geputzt gewogen)*
1 Kiwi
1 Orange
80 g Seidentofu
1 EL Agavendicksaft
150 ml Kokoswasser
*   (Bioladen)*

AUSSERDEM
6 Stieleisformen à ca. 50 ml
*   (nach Belieben andere*
*   Förmchen und Stiele)*

1 Mango schälen, das Fruchtfleisch vom Stein schneiden und klein würfeln. Kiwi schälen, halbieren und würfeln. Die Orange so schälen, dass auch die weiße Innenhaut entfernt wird. Das Fruchtfleisch in Stücke schneiden. Seidentofu grob zerpflücken.

2 Die vorbereiteten Zutaten in einen hohen Rührbecher füllen. Agavendicksaft und Kokoswasser hinzufügen und alles mit dem Pürierstab fein pürieren.

3 Die Creme in die Formen füllen. Die Förmchen mit Eisstielen versehen und für mindestens 5 Std. in das Tiefkühlfach stellen.

Für 6 Stück • Zubereitungszeit: 15 Min. • Tiefkühlzeit: 5 Std. • Pro Stück ca. 45 kcal, 1 g E, 1 g F, 8 g KH

BEEREN-TOFU-EIS

VEGAN

200 g Erdbeeren
100 g Heidelbeeren
80 g Seidentofu
1 TL Leinsamen
1 EL Honig
100 ml Apfelsaft

AUSSERDEM
6 Stieleisformen à ca. 50 ml
* (nach Belieben andere*
* Förmchen und Stiele)*

1 Die Erdbeeren kurz abbrausen, entkelchen und in Stücke schnei-den. Die Heidelbeeren verlesen, abbrausen und vorsichtig trocken tupfen. Den Seidentofu grob zerpflücken.

2 Beeren, Seidentofu, Leinsamen, Honig sowie Apfelsaft in einen hohen Rührbecher geben und alles mit dem Pürierstab fein pürieren.

3 Die Creme in die Formen füllen. Die Förmchen mit Eisstielen versehen und für mindestens 5 Std. in das Tiefkühlfach stellen.

TOMATEN-ERDBEER-EIS

FÜR GÄSTE

300 g aromatische, reife Tomaten
200 g Erdbeeren
1 Zweig Zitronenthymian
1 Mini-Banane
1 Bio-Orange
2 EL Honig
200 ml stilles Mineralwasser
Salz
frisch geriebene Muskatnuss
½ TL helle Balsamicocreme
  (nach Belieben)

AUSSERDEM
8 Stieleisformen à ca. 50 ml
  (nach Belieben andere
  Förmchen und Stiele)

1 Tomaten ca. 2 Sekunden in kochendes Wasser legen. Mit einem Löffel herausnehmen, in ein Sieb geben, kalt abschrecken und häuten. Das Fruchtfleisch vierteln und entkernen.

2 Die Erdbeeren abbrausen, entkelchen und würfeln. Zitronenthymian abbrausen, trocken schütteln, die Blättchen abzupfen. Die Banane schälen und in Scheiben schneiden. Orange heiß waschen, abtrocknen und 1 TL Schale fein abreiben. Die Orange halbieren und den Saft auspressen.

3 Die vorbereiteten Zutaten in einen hohen Rührbecher füllen. Honig hinzufügen und alles mit dem Pürierstab glatt pürieren. Das Mineralwasser hinzufügen und kurz untermixen.

4 Die Mischung mit Salz, Muskat und Balsamico abschmecken und in die Formen verteilen. Die Förmchen mit Eisstielen versehen und für mindestens 5 Std. in das Tiefkühlfach stellen.

TAUSCH-TIPP
Genauso lecker schmeckt die Kombination aus Tomaten und Himbeeren. Statt Zitronenthymian kann man auch prima Dill oder Petersilie verwenden.

Das Tomateneis ist eine gelungene Alternative zu
gekühlter Tomatensuppe, z. B. als eisiges Süppchen
im Stehen bei der Gartenparty oder als pikantes
After-Work-Überraschungseis.

SCHÖN CREMIG

SAHNE-EIS MIT HIMBEEREN

SOMMER-REZEPT

125 g Himbeeren (frisch oder TK)
70 g Puderzucker
200 g Sahne

AUSSERDEM

6 Stieleisformen à ca. 50 ml
  (nach Belieben andere
  Förmchen und Stiele)

TIPP

So geht's schneller: 100 g TK-Himbeeren mit 2 EL Puderzucker und 200 g Sahne in einen hohen Rührbecher geben und fein pürieren. Die Creme auf 8 Stieleisformen verteilen und mindestens 5 Std. tiefkühlen.

1 Frische Himbeeren wenn nötig verlesen, kurz abbrausen, TK-Beeren antauen lassen. Dann mit 40 g Puderzucker in einen Topf geben und unter Rühren kurz aufkochen lassen. Das Fruchtmus durch ein Sieb streichen und kühl stellen.

2 Sahne steif schlagen, dabei den restlichen Puderzucker unterrühren. Knapp die Hälfte der Sahne in die Förmchen füllen und diese für 1 Std. in das Tiefkühlfach geben.

3 Danach das gekühlte Fruchtmus darauf geben. Die Formen für eine weitere Stunde in das Tiefkühlfach stellen.

4 Zuletzt die übrige Sahne in die Formen verteilen. Die Förmchen mit Eisstielen versehen und mindestens 3 Std. tiefkühlen.

Für 4 Stück • Zubereitungszeit: 20 Min. • Tiefkühlzeit: 5 Std. • Pro Stück ca. 255 kcal, 2 g E, 20 g F, 16 g KH

ERDBEER-CREME-EIS

SCHNELL

300 g Erdbeeren
40 g Puderzucker
100 g Mascarpone
1 TL Rosenwasser
   (Apotheke; nach Belieben)
100 g Sahne

AUSSERDEM

6 Stieleisformen à ca. 50 ml
   (nach Belieben andere
   Förmchen und Stiele)

1 Die Erdbeeren abbrausen, trocken tupfen, entkelchen und klein schneiden. Mit Puderzucker und Mascarpone in einen hohen Rührbecher füllen und alles mit dem Pürierstab fein pürieren.

2 Die Sahne steif schlagen, nach Belieben Rosenwasser unterrühren. Die Sahne unter die Erdbeercreme mischen.

3 Die Masse in die Formen verteilen. Die Förmchen mit Eisstielen versehen und für mindestens 5 Std. in das Tiefkühlfach stellen.

Für 6 Stück • Zubereitungszeit: 15 Min. • Tiefkühlzeit 5 Std. • Pro Stück ca. 210 kcal, 2 g E, 17 g F, 12 g KH

WEISSES SCHOKOLADEN-EIS

EINFACH

1 Bio-Limette
100 g weiße Schokolade
225 g Sahne

AUSSERDEM
6 Stieleisformen à ca. 50 ml
  (nach Belieben andere
  Förmchen und Stiele)

1 Limette heiß waschen, abtrocknen und 1 TL Schale abreiben. Limette halbieren, Saft auspressen. Schokolade in Stücke brechen.

2 100 ml Sahne in einen Topf geben und vorsichtig erwärmen. Die Schokoladenstücke dazugeben und bei mittlerer Hitze unter stetigem Rühren in der Sahne schmelzen lassen.

3 Limettensaft und abgeriebene Schale mit der übrigen Sahne unter die Schokomasse rühren. Creme in die Formen füllen. Förmchen mit Eisstielen versehen und mindestens 5 Std. tiefkühlen.

Für 6 Stück • Zubereitungszeit: 15 Min. • Kühlzeit: 20 Min. • Tiefkühlzeit: 5 Std. •
Pro Stück ca. 120 kcal, 2 g E, 7 g F, 11 g KH

MATCHA-MINZE-EIS

LAKTOSEFREI

100 ml Mandeldrink
40 g Mandelmus
50 g Rohrzucker
1 TL Matcha-Pulver
  (Bioladen)
4 Minzeblättchen
200 g Bio Mandel-Cuisine
  (ersatzweise 200 g auf-
  schlagbare Sojacreme)

AUSSERDEM
6 Stieleisformen à ca. 50 ml
  (nach Belieben andere
  Förmchen und Stiele)

1 Mandeldrink mit Mandelmus und Rohrzucker erhitzen. Matcha-Pulver dazugeben und die Mischung unter Rühren kurz aufkochen. Minzeblättchen einlegen und alles 20 Min. kühl stellen.

2 Danach die Minzeblättchen entfernen. Die Mischung mit Bio Mandel-Cuisine cremig aufschlagen und in die Formen verteilen. Die Förmchen mit Eisstielen versehen und mindestens 5 Std. tiefkühlen.

Für 6 Stück • Zubereitungszeit: 10 Min. • Kühlzeit: 20 Min. • Tiefkühlzeit: 5 Std. •
Pro Stück ca. 175 kcal, 1 g E, 15 g F, 11 g KH

LAKRITZ-EIS

BRITISCH

1 EL Zucker
50 g Lakritze
  (am besten englische)
30 g weiße Schokolade
250 g Sahne

AUSSERDEM

6 Stieleisformen à ca. 50 ml
  (nach Belieben andere
  Förmchen und Stiele)

1 Für den Sirup 100 ml Wasser mit Zucker aufkochen. Lakritze dazugeben und bei mittlerer Hitze und unter stetigem Rühren in ca. 2 Min. auflösen. Die Schokolade in Stücke brechen, in den Sirup geben und schmelzen lassen. Sirup 20 Min. kühl stellen.

2 Danach die Sahne unter den Sirup rühren. Die Creme in die Formen verteilen. Die Förmchen mit Eisstielen versehen und für mindestens 5 Std. in das Tiefkühlfach stellen.

Für 4 Stück • Zubereitungszeit: 15 Min. •
Tiefkühlzeit: 5 Std. •
Pro Stück ca. 245 kcal, 3 g E, 19 g F, 13 g KH

Für 4 Stück • Zubereitungszeit: 10 Min. •
Tiefkühlzeit: 5 Std. •
Pro Stück ca. 265 kcal, 3 g E, 23 g F, 13 g KH

ZITRONEN-EIS

EINFACH

2 Bio-Zitronen • 2 EL Zucker • 100 g Ricotta •
2 TL Lemon Curd (engl. Zitronencreme) •
200 g Sahne • 6 Stieleisformen à ca. 50 ml (nach
Belieben andere Förmchen und Stiele)

1 Zitronen heiß waschen, abtrocknen, die Schale
fein abreiben. Zitronenschale mit Zucker vermischen, die Hälfte zum Garnieren beiseitestellen.
Zitronen halbieren und den Saft auspressen.

2 Zitronensaft mit Ricotta, übrigem Zitronenzucker und Lemon Curd glatt rühren. Die Sahne
steif schlagen, Ricottacreme löffelweise unter
die Sahne rühren. Die Creme auf die Formen
verteilen. Die Förmchen mit Eisstielen versehen
und mindestens 5 Std. tiefkühlen.

3 Vor dem Servieren das Eis aus den Formen
nehmen. Sobald die Oberfläche antaut, das Eis
mit Zitronenzucker bestreuen und genießen.

SAHNE-CRISP-EIS

SCHNELL

50 g Kekse (z. B. Amaretti oder Butterkekse) •
250 g Sahne • 2 EL Agavendicksaft • 6 Stieleisfor-
men à ca. 50 ml (nach Belieben andere Förmchen
und Stiele)

1 Die Kekse grob zerbröseln oder mit einem
Messer nicht zu fein hacken.

2 Die Sahne cremig aufschlagen. Agavendicksaft und Keksbrösel unter die Sahne rühren.

3 Die Sahnecreme in die Formen füllen. Die
Förmchen mit Eisstielen versehen und für mindestens 5 Std. in das Tiefkühlfach geben.

4 Vor dem Servieren das Sahne-Crisp-Eis aus
den Formen nehmen. Sobald die Oberfläche
antaut, das Eis nach Belieben mit Keksstücken
garnieren und am besten sofort genießen.

Für 4 Stück • Zubereitungszeit: 10 Min. •
Ziehzeit: 12 Std. • Tiefkühlzeit: 5 Std. •
Pro Stück ca. 220 kcal, 2 g E, 18 g F, 10 g KH

Für 4 Stück • Zubereitungszeit: 15 Min. •
Kühlzeit: 20 Min. • Tiefkühlzeit: 5 Std. •
Pro Stück ca. 300 kcal, 3 g E, 25 g F, 16 g KH

MALAGA-EIS

MIT ALKOHOL

40 g Rosinen • 2 EL weißer Rum (ersatzweise
heller Traubensaft) • 1 EL Ahornsirup •
200 g Sahne • 50 g Crème légère • 6 Stieleis-
formen à ca. 50 ml (nach Belieben andere
Förmchen und Stiele)

1 Die Rosinen in ein Schraubglas füllen, Rum
und Ahornsirup dazugeben. Das Glas verschließen und die Rosinen im Kühlschrank 12 Std. (am
besten über Nacht) durchziehen lassen.

2 Die Sahne cremig aufschlagen. Crème légère
und Rum-Rosinen unter Rühren hinzugeben.

3 Malagacreme in die Formen verteilen. Die
Förmchen mit Eisstielen versehen und für mindestens 5 Std. in das Tiefkühlfach stellen.

STRACCIATELLA-EIS

ITALIENISCH

50 ml Milch • 1 TL Vanillezucker • 2 EL Zucker •
50 g Zartbitterschokolade • Einmal-Spritzbeutel
(ersatzweise Gefrierbeutel) • 250 g Sahne •
6 Stieleisformen à ca. 50 ml (nach Belieben andere
Förmchen und Stiele)

1 Milch mit Vanillezucker und Zucker aufkochen,
1 Min. köcheln und 20 Min. abkühlen lassen.

2 Die Zartbitterschokolade grob hacken, in
einer Metallschüssel über dem heißen Wasserbad schmelzen und in den Spritzbeutel füllen.

3 Sahne cremig aufschlagen. Die abgekühlte
Vanillemilch unter Rühren dazugeben. In den
Spritzbeutel ein kleines Loch schneiden und die
Schokolade in die Vanillesahne spritzen.

4 Creme in die Formen füllen. Diese mit Eisstielen versehen und mindestens 5 Std. tiefkühlen.

Lieber cremig als geeist? Für eine schnelle, raffinierte Dessertcreme die Halva-Zimtmilch wie beschrieben vorbereiten. Die Sahne sehr steif schlagen, Halva-Zimtmilch unter Rühren hinzufügen. Das Dessert gut gekühlt servieren.

Für 6 Stück • Zubereitungszeit: 15 Min. • Ziehzeit: 20 Min. • Tiefkühlzeit: 5 Std. •
Pro Stück ca. 145 kcal, 2 g E, 13 g F, 5 g KH

HALVA-ZIMT-EIS

ORIENTALISCH

150 ml Mandeldrink
1 Stange Zimt
1 TL Zimtpulver
50 g Halva (süße Sesampaste,
  ersatzweise Mandelcreme)
150 g Sahne
1 TL Rosenwasser
  (Apotheke; nach Belieben)

AUSSERDEM

6 Stieleisfomen à ca. 50 ml
  (nach Belieben andere
  Förmchen und Stiele)

1 Mandeldrink mit Zimtstange und -pulver in einem Topf bei mittlerer Hitze aufkochen. Die Mischung auf abgeschalteter Herdplatte 20 Min. ziehen lassen. Zimtstange entfernen.

2 Halva leicht zerbröckeln und in einen hohen Rührbecher geben. Die Zimtmilch hinzufügen und alles mit dem Pürierstab fein pürieren. Die Sahne und nach Belieben das Rosenwasser untermixen, bis eine glatte, cremige Masse entstanden ist.

3 Die Creme in die Formen füllen. Die Förmchen mit Eisstielen versehen und mindestens 5 Std. tiefkühlen.

GUT ZU WISSEN

Halva, früher auch Türkischer Honig genannt, ist eine orientalische Süßspeise. Das Rezept für den Mix aus gemahlenem Sesam, Mehl oder Grieß, Nüssen und Honig stammt ursprünglich aus Zentralasien und Indien. Heute ist die Leckerei in türkischen und arabischen Lebensmittelgeschäften erhältlich.

Für 6 Stück • Zubereitungszeit: 15 Min. • Kühlzeit: 10 Min. • Tiefkühlzeit: 5 Std. •
Pro Stück ca. 160 kcal, 1 g E, 14 g F, 8 g KH

APRIKOSEN-HONIG-EIS

MEDITERRAN

2 kleine, reife Aprikosen
2 EL Lavendelblütenhonig
*   (ersatzweise Blütenhonig)*
50 g Crème fraîche
200 g Sahne

AUSSERDEM

6 Stieleisformen à ca. 50 ml
*   (nach Belieben andere*
*   Förmchen und Stiele)*

1 Die Aprikosen waschen, trocken tupfen, halbieren und entsteinen. Das Fruchtfleisch klein würfeln. Aprikosenstücke mit 50 ml Wasser und Honig in einen Topf geben, unter Rühren kurz aufkochen und durch ein Sieb streichen. Für ca. 10 Min. in das Tiefkühlfach stellen.

2 Anschließend das abgekühlte Fruchtmus in einen hohen Rührbecher füllen, Crème fraîche und Sahne hinzufügen und alles mit dem Pürierstab pürieren, bis eine cremige Konsistenz erreicht ist.

3 Creme in die Formen verteilen. Die Förmchen mit Eisstielen versehen und für mindestens 5 Std. in das Tiefkühlfach stellen.

MEHR DRAUS MACHEN

Noch raffinierter: einige Lavendelblütenrispen (z. B. aus dem Garten) mit in den Sud geben.

Für 6 Stück • Zubereitungszeit: 20 Min. • Kühlzeit: 10 Min. • Tiefkühlzeit: 5 Std. •
Pro Stück ca. 235 kcal, 2 g E, 17 g F, 17 g KH

CREMIGES ORANGEN-EIS

FÜR GÄSTE

3 Bio-Orangen
4 EL Zucker
1 EL Orangenlikör
  (nach Belieben)
250 g Sahne
50 g Mascarpone

AUSSERDEM

6 Stieleisformen à ca. 50 ml
  (nach Belieben andere
  Förmchen und Stiele)

1 Orangen heiß waschen, abtrocknen. Die Schale von 2 Orangen fein abreiben. 1 TL Schale mit 1 EL Zucker vermischen und zum Garnieren beiseitestellen. Alle Orangen halbieren, den Saft auspressen.

2 Für den Sirup Orangensaft und übrige Schale mit 50 ml Wasser und 3 EL Zucker in einen Topf geben, unter Rühren aufkochen und 2 Min. köcheln lassen. Nach Belieben Orangenlikör unterrühren. Orangensirup zum Abkühlen 10 Min. in das Tiefkühlfach stellen.

3 Die Sahne cremig schlagen, Mascarpone und gekühlten Orangensirup unterrühren. Die Creme auf die Formen verteilen. Die Förmchen mit Eisstielen versehen und mindestens 5 Std. tiefkühlen.

4 Vor dem Servieren das Orangen-Eis aus den Formen nehmen. Sobald die Oberfläche leicht schmilzt, das Eis mit dem beiseitegestellten Orangenzucker bestreuen und am besten sofort genießen.

Für 6 Stück • Zubereitungszeit: 15 Min. • Tiefkühlzeit: 5 Std. • Pro Stück ca. 265 kcal, 3 g E, 21 g F, 15 g KH

SCHOKOLADEN-EIS

EINFACH

30 g Rohrzucker
1 Prise Meersalz
100 ml Milch
200 g Sahne
150 g Zartbitterschokolade

AUSSERDEM

6 Stieleisformen à ca. 50 ml
(nach Belieben andere
Förmchen und Stiele)

1 Den Rohrzucker mit Meersalz und 50 ml Wasser in einem Topf aufkochen und ca. 1 Min. köcheln lassen. Milch und Sahne unterrühren.

2 Die Zartbitterschokolade in Stücke brechen und in der Milch-Sahne-Mischung unter Rühren schmelzen lassen.

3 Die Schokocreme in die Formen füllen. Die Förmchen mit Eisstielen versehen und mindestens 5 Std. tiefkühlen.

Für 6 Stück • Zubereitungszeit: 15 Min. • Kühlzeit: 10 Min. • Tiefkühlzeit: 5 Std. •
Pro Stück ca. 150 kcal, 1 g E, 13 g F, 7 g KH

KAFFEECREME-EIS

FÜR GÄSTE

30 g brauner Kandiszucker
150 ml starker Kaffee
¼ TL Zimtpulver
250 g Sahne

AUSSERDEM
6 Stieleisformen à ca. 50 ml
  (nach Belieben andere
  Förmchen und Stiele)

1 Den Kandiszucker mit Kaffee in einen Topf geben, aufkochen und 3 Min. köcheln lassen. Mit Zimtpulver würzen. Die Mischung zum Abkühlen für etwa 10 Min. in das Tiefkühlfach stellen.

2 Sahne in die Kaffeemischung einrühren. Die Creme in die Formen verteilen, mit Eisstielen versehen und mindestens 5 Std. tiefkühlen.

TAUSCH-TIPP
Perfekt zum Abrunden der Creme eignet sich auch ¼ TL Arabisches Kaffeegewürz oder 1 EL Kaffeelikör.

COOL UMHÜLLT

BROMBEER-SCHOKO-EIS

SOMMER-REZEPT

FÜR DAS EIS
200 g Brombeeren (frisch oder TK)
30 g Puderzucker
50 g weiße Schokolade
50 g Mascarpone
150 g Sahne

FÜR DIE VERZIERUNG
50 g weiße Schokolade

AUSSERDEM
6 Stieleisformen à ca. 50 ml
  (nach Belieben andere
  Förmchen und Stiele)
Einmal-Spritzbeutel (ersatzweise
  Gefrierbeutel)

TAUSCH-TIPP
Statt Brombeeren passen hier auch sehr gut frische oder TK-Himbeeren! Und wer nicht 30 Min. auf die Schokosplitter warten will, gibt einfach 2 EL helle Schokoraspel unter die Brombeermischung.

1 Für das Eis frische Brombeeren verlesen und kurz abbrausen, TK-Beeren auftauen lassen. Mit Puderzucker mischen.

2 Die Schokolade in Stücke brechen, in eine kleine Metallschüssel geben und über dem heißen Wasserbad schmelzen. Auf Backpapier dünn verstreichen und an einem kühlen Ort in ca. 30 Min. fest werden lassen. Anschließend das Papier fest einrollen, sodass feine Schokosplitter entstehen.

3 Brombeeren mit Mascarpone in einen hohen Rührbecher geben und mit dem Pürierstab fein pürieren. Die Sahne zugeben und kräftig untermixen. Zum Schluss die Schokosplitter einrühren. Creme in die Formen füllen. Die Förmchen mit Eisstielen versehen und mindestens 5 Std. tiefkühlen.

4 Für die Verzierung die Schokolade in Stücke brechen, in einer kleinen Metallschüssel über dem heißen Wasserbad schmelzen lassen und in den Spritzbeutel füllen. Das Brombeereis aus den Formen nehmen. Mit einer Schere ein winziges Loch in die Spitze des Spritzbeutels schneiden und das Eis zickzack- oder spiralförmig verzieren. Die feinen Linien erstarren im Nu. Nach Belieben das Eis wenden und die zweite Seite ebenso verzieren. Bis zum Verzehr wieder kühl stellen.

Das Raffinierte an diesem Eis sind die zarten Schokosplitter mit ihrer feinen Konsistenz. Die Splitter lassen sich auch prima auf Vorrat zubereiten und in einem verschließbaren Behälter kühl stellen.

Für 6 Stück • Zubereitungszeit: 20 Min. • Kühlzeit: 30 Min. • Tiefkühlzeit: 5 Std. •
Pro Stück ca. 295 kcal, 3 g E, 22 g F, 21 g KH

VANILLE-EIS MIT SCHOKOÜBERZUG

KLASSIKER

FÜR DAS EIS
1 Vanilleschote
60 g Zucker
1 TL Vanillezucker
100 ml Milch
200 g Sahne

FÜR DIE UMHÜLLUNG
150 g Zartbitterschokolade
etwas Öl

AUSSERDEM
6 Stieleisformen à ca. 50 ml
(nach Belieben andere
Förmchen und Stiele)

1 Für das Eis die Vanilleschote mit einem scharfen Messer längs aufritzen. Das Mark herauskratzen, mit Zucker, Vanillezucker, Milch und Vanilleschote in einem Topf aufkochen und unter Rühren 2 Min. bei mittlerer Hitze köcheln lassen.

2 Vanillemilch in eine Schüssel füllen und 30 Min. in den Kühlschrank stellen. Danach Vanilleschote entfernen. Vanillemilch mit Sahne glatt rühren. Die Creme in die Formen füllen, mit Eisstielen versehen und mindestens 5 Std. tiefkühlen.

3 Für die Umhüllung die Zartbitterschokolade in Stücke brechen und in eine Metallschüssel geben. 1–2 Tropfen Öl hinzufügen und die Schokolade über dem heißen Wasserbad schmelzen lassen. Dann in ein hohes Gefäß umfüllen.

4 Das Eis aus den Formen nehmen, dann kurz in die Schokolade tauchen und auf die Trockenstation (z. B. Eierkarton mit kleinen Schlitzen) setzen, bis der Schokoüberzug erstarrt ist. Sofort genießen oder bis zum Verzehr wieder kühl stellen.

Für 6 Stück • Zubereitungszeit: 20 Min. • Ziehzeit: 12 Std. + 1 Std. • Tiefkühlzeit: 5 Std. •
Pro Stück ca. 200 kcal, 3 g E, 15 g F, 12 g KH

BLÜTENCREME-EIS

RAFFINIERT

FÜR DAS EIS

2 EL Honig (z. B. Blütenhonig)
1 EL getrocknete Blüten
1 Bio-Limette
100 g Ricotta
200 g Sahne

FÜR DIE UMHÜLLUNG

40 g weiße Schokolade
2 EL Milch
1 EL getrocknete Blüten

AUSSERDEM

6 Stieleisformen à ca. 50 ml
(nach Belieben andere
Förmchen und Stiele)

1 Für das Eis 1 EL Honig in einem Topf erwärmen und mit den Blüten vermischen. Alles abdecken und 12 Std. ziehen lassen.

2 Die Limette heiß waschen, abtrocknen und die Schale fein abreiben. Limette halbieren und den Saft auspressen. Saft und Schale mit den vorbereiteten Blüten in einen hohen Rührbecher geben. Ricotta und übrigen Honig hinzufügen und alles mit dem Pürierstab fein pürieren. Sahne zugeben und kräftig untermixen. Creme in die Formen füllen. Mit Eisstielen versehen und mindestens 5 Std. tiefkühlen.

3 Für die Umhüllung die Schokolade grob zerbrechen. Milch erwärmen, Schokolade darin schmelzen, die getrockneten Blüten untermischen. Das Eis aus den Formen nehmen. Sobald die Oberfläche leicht schmilzt, etwas Blüten-Schokolade mit einem Löffel über das Eis laufen lassen, nach Belieben einige Blüten darüberstreuen. Sofort servieren oder bis zum Verzehr wieder kühl stellen.

Für 6 Stück • Zubereitungszeit: 15 Min. • Tiefkühlzeit: 5 Std. • Pro Stück ca. 110 kcal, 2 g E, 8 g F, 6 g KH

HIMBEER-EIS MIT KOKOS

EXOTISCH

FÜR DAS EIS

*200 g Himbeeren
    (frisch oder TK)
1 Bio-Limette
2 EL Puderzucker
100 g Kokosmilch
50 g Schmand*

FÜR DIE UMHÜLLUNG

30 g Kokosraspel

AUSSERDEM

*6 Stieleisformen à ca. 50 ml
    (nach Belieben andere
    Förmchen und Stiele)*

1 Frische Himbeeren wenn nötig verlesen, kurz abbrausen, TK-Beeren antauen lassen. Die Limette heiß waschen, abtrocknen und 1 TL Schale fein abreiben. Limette halbieren, den Saft auspressen.

2 Himbeeren, Limettensaft und Puderzucker in einen hohen Rührbecher geben und mit dem Pürierstab fein pürieren. Kokosmilch und Schmand untermixen, Limettenschale einrühren. Creme in die Formen füllen, mit Eisstielen versehen. Mindestens 5 Std. tiefkühlen.

3 Das Himbeer-Eis aus den Formen lösen. Sobald die Oberfläche leicht schmilzt, das Eis mit Kokosraspeln bestreuen oder darin wälzen. Sofort genießen oder bis zum Verzehr wieder kühl stellen.

Für 6 Stück • Zubereitungszeit: 20 Min. • Tiefkühlzeit: 5 Std. • Pro Stück ca. 110 kcal, 3 g E, 8 g F, 6 g KH

SOJA-EIS MIT SESAMKROKANT

LAKTOSEFREI

FÜR DEN SESAM-KROKANT

1 EL Rohrzucker
30 g heller Sesam

FÜR DAS SOJA-EIS

100 g Sojaghurt
1 EL Ahornsirup
200 g aufschlagbare Sojacreme

AUSSERDEM

6 Stieleisformen à ca. 50 ml
  (nach Belieben andere
  Förmchen und Stiele)

1 Für den Krokant den Rohrzucker in einer Pfanne mit dickem Boden schmelzen lassen. Sesam einrühren, unter Rühren goldbraun anrösten. Zum Abkühlen auf Backpapier geben. Krokant in einen Gefrierbeutel füllen und mit einer Teigrolle leicht zerdrücken.

2 Für das Eis Sojaghurt mit Sirup und 1 TL Sesamkrokant in einen hohen Rührbecher geben und mit dem Pürierstab fein pürieren. Sojacreme zugeben und alles zu einer cremigen Masse verrühren. Die Creme In die Formen füllen. Die Förmchen mit Eisstielen versehen und für mindestens 5 Std. in das Tiefkühlfach stellen.

3 Vor dem Servieren das Soja-Eis aus den Förmchen lösen. Sobald die Oberfläche leicht schmilzt, das Eis mit dem zurückbehaltenen Sesamkrokant bestreuen oder darin wälzen. Am besten sofort genießen oder bis zum Verzehr kühl stellen.

Für 6 Stück • Zubereitungszeit: 20 Min. • Tiefkühlzeit: 5 Std. • Pro Stück ca. 200 kcal, 2 g E, 16 g F, 11 g KH

KARAMELL-EIS MIT MEERSALZ

AUS FRANKREICH

FÜR DEN KARAMELL-SIRUP

50 g Zucker
100 g Sahne
grob zerstoßenes Meersalz

FÜR DAS EIS

100 ml Milch
200 g Sahne

AUSSERDEM

6 Stieleisformen à ca. 50 ml
(nach Belieben andere
Förmchen und Stiele)

1 Für den Karamellsirup 3 EL Wasser und Zucker in einem Topf vermischen. Den Zucker ohne Rühren bei mittlerer Hitze schmelzen lassen. Dann weiterrühren, bis ein leicht dicklicher und goldbrauner Sirup entstanden ist. Den Topf vom Herd nehmen, Sahne hinzufügen und mit dem Sirup zu einer cremigen Masse verrühren. Etwa ½ TL Meersalz untermischen und alles abkühlen lassen.

2 Für das Eis die halbe Menge Karamellsirup in einen hohen Rührbecher füllen, Milch und Sahne zugeben und alles mit dem Pürierstab zu einer cremigen Masse aufschlagen. Creme in die Formen füllen, mit Eisstielen versehen und mindestens 5 Std. tiefkühlen.

3 Vor dem Servieren den zurückbehaltenen Karamellsirup unter Rühren erwärmen. Das Eis aus den Formen nehmen, den Karamellsirup mit einem Löffel über das Eis laufen lassen oder das obere Drittel des Eises in den Sirup tauchen. Sofort genießen.

Für 6 Stück • Zubereitungszeit: 20 Min. • Tiefkühlzeit: 5 Std. • Pro Stück ca. 255 kcal, 5 g E, 21 g F, 12 g KH

MANDEL-KROKANT-EIS

FÜR WEIHNACHTEN

FÜR DEN KROKANT
50 g Puderzucker
50 g gehackte gehäutete Mandeln

FÜR DAS EIS
50 g Mandelcreme
50 g Ricotta
200 g Sahne

AUSSERDEM
6 Stieleisformen à ca. 50 ml (nach Belieben andere Förmchen und Stiele)

1 Für den Mandelkrokant den Puderzucker mit den gehackten Mandeln vermischen und in einer Pfanne ohne Fett goldbraun rösten. Auf Backpapier verteilen und abkühlen lassen.

2 Für das Eis Mandelcreme, Ricotta, Sahne und die halbe Menge Krokant in ein hohes Rührgefäß geben und mit dem Pürierstab fein pürieren. Die Creme In die Formen füllen. Die Förmchen mit Eisstielen versehen und für mindestens 5 Std. in das Tiefkühlfach stellen.

3 Vor dem Servieren den übrigen Mandelkrokant in einen Gefrierbeutel geben und mit einer Teigrolle leicht zerdrücken. Das Mandel-Eis aus den Förmchen nehmen. Sobald die Oberfläche leicht schmilzt, das Eis mit den Krokantsplittern bestreuen oder darin wälzen. Sofort genießen oder bis zum Verzehr wieder kühl stellen.

Für 6 Stück • Zubereitungszeit: 20 Min. • Tiefkühlzeit: 5 Std. • Pro Stück ca. 240 kcal, 3 g E, 22 g F, 9 g KH

WALNUSS-EIS MIT NUGAT

EINFACH

FÜR DAS EIS
40 g Walnusskerne
2 EL Ahornsirup
50 g Mascarpone
1 Prise Zimtpulver
200 g Sahne

FÜR DIE VERZIERUNG
50 g Nugatschokolade

AUSSERDEM
6 Stieleisformen à ca. 50 ml
(nach Belieben andere
Förmchen und Stiele)
Einmal-Spritzbeutel (ersatz-
weise Gefrierbeutel)

1 Die Walnusskerne grob hacken. Ahornsirup in einer Pfanne erhitzen, gehackte Walnusskerne dazugeben und rühren, bis die Nüsse gut mit dem Sirup überzogen sind. Auf Backpapier abkühlen lassen.1 EL Nüsse fein hacken und für die Umhüllung beiseitelegen.

2 Mascarpone, Zimt, abgekühlte Nüsse und Sahne in einen Rührbecher geben und mit dem Pürierstab pürieren. Creme in die Formen verteilen, mit Eisstielen versehen. Mindestens 5 Std. tiefkühlen.

3 Für die Umhüllung die Schokolade in einer Schüssel über dem heißen Wasserbad schmelzen, in den Spritzbeutel füllen. Das Eis aus den Formen nehmen. Mit einer Schere ein winziges Loch in den Spritzbeutel schneiden und das Eis zickzack- oder spiralförmig verzieren. Die feinen Linien erstarren im Nu! Nach Belieben das Eis wenden und die zweite Seite ebenso verzieren. Mit den zurückbehaltenen Nüssen bestreuen. Sofort genießen oder wieder kühl stellen.

Für 6 Stück • Zubereitungszeit: 25 Min. • Kühlzeit: 10 Min. • Tiefkühlzeit: 5 Std. •
Pro Stück ca. 220 kcal, 2 g E, 15 g F, 18 g KH

CREMIGES APFEL-EIS

FÜR GÄSTE

FÜR DAS EIS

5 Stängel Basilikum
75 g Zucker
2 Äpfel (z. B. Granny Smith,
    ca. 300 g)
2 EL Zitronensaft
50 g Schmand
200 g Sahne

FÜR DIE UMHÜLLUNG

30 g fein gehackte oder gemahlene
    Pistazien

AUSSERDEM

6 Stieleisformen à ca. 50 ml
    (nach Belieben andere
    Förmchen und Stiele)

MEHR DRAUS MACHEN

Den Basilikumsirup auf Vorrat
zubereiten und kühl stellen.
Schmeckt raffiniert in Cocktails:
1 TL Sirup mit Crushed Ice in
ein Glas geben, mit Mineralwasser, Wein oder Sekt auffüllen. Oder in Desserts, z.B. mit
frischen Erdbeeren.

1 Basilikum abbrausen, trocken schütteln und die Blätter
abzupfen. Zucker und 150 ml Wasser in einen Topf geben, aufkochen, Basilikumblätter hinzufügen und alles 6 Min. köcheln
lassen. Den Sirup etwas abgekühlt durch ein Sieb gießen.

2 Äpfel schälen, vierteln und entkernen. Die Apfelviertel
quer in Scheiben schneiden, mit Zitronensaft beträufeln.
100 ml Wasser in einem Topf aufkochen, Äpfel und Sirup
hinzufügen und die Äpfel bei mittlerer Hitze in ca. 8 Min. weich
garen. Das Fruchtmus mit dem Pürierstab fein pürieren, dann
für 10 Min. zum Abkühlen in das Tiefkühlfach stellen.

3 Das Apfel-Püree mit Schmand und Sahne in einen hohen
Rührbecher geben und alles mit dem Pürierstab fein pürieren.
Die Creme auf die Formen verteilen. Die Förmchen mit Eisstie-
len versehen und mindestens 5 Std. tiefkühlen.

4 Vor dem Servieren das Apfel-Eis aus den Förmchen
nehmen. Sobald die Oberfläche leicht schmilzt, das Eis mit
den Pistazien bestreuen oder darin wälzen. Am besten sofort
genießen oder bis zum Verzehr wieder kühl stellen.

Für 6 Stück • Zubereitungszeit: 25 Min. • Kühlzeit: 10 Min. • Tiefkühlzeit: 5 Std. •
Pro Stück ca. 250 kcal, 3 g E, 17 g F, 18 g KH

SCHWARZWÄLDER-KIRSCH-EIS

FÜR GÄSTE

FÜR DAS EIS
2 EL Puderzucker
2 EL Kirschwasser
200 g Sauerkirschen
(frisch oder aus dem Glas)
50 g Schoko-Waffel-Blättchen
50 g Quark
200 g Sahne

FÜR DIE UMHÜLLUNG
50 g Zartbitterschokolade
(mind. 70 % Kakaogehalt)

AUSSERDEM
6 Stieleisformen à ca. 50 ml
(nach Belieben andere
Förmchen und Stiele)

1 Für das Eis Puderzucker mit Kirschwasser verrühren. Frische Sauerkirschen waschen und entkernen, Kirschen aus dem Glas abtropfen lassen und zwischen Küchenpapier trocken tupfen. Die Kirschen klein schneiden, mit 1 EL Puderzuckermischung vermischen. Waffelblättchen in dünne Streifen schneiden.

2 Quark mit übriger Puderzuckermischung verrühren. Sahne steif schlagen, Quark löffelweise unterrühren. Ein Drittel Sahnecreme in die Formen geben. Waffelstreifen und Kirschen darauf verteilen, mit übriger Sahnecreme abschließen. Die Förmchen mit Eisstielen versehen und mindestens 5 Std. tiefkühlen.

3 Für die Umhüllung die Schokolade in Späne hobeln. Die Förmchen kurz in heißes Wasser tauchen, Eis aus den Formen lösen und rundum mit Schokospänen bestreuen. Sofort genießen oder bis zum Verzehr wieder kühl stellen.

Für 6 Stück • Zubereitungszeit: 25 Min. • Kühlzeit: 10 Min. • Tiefkühlzeit: 5 Std. •
Pro Stück ca. 305 kcal, 4 g E, 24 g F, 18 g KH

PRALINEN-EIS MIT BAISER

FÜR GÄSTE

FÜR DAS EIS
200 g Zartbitterschokolade
  (mind. 70 % Kakaogehalt)
200 g Sahne
1 TL Orangenlikör (nach Belieben)

FÜR DAS BAISER
6 Mini-Baisers (ca. 25 g)
2 EL Schokoladensauce
  (z. B. Kakaoglasur)

AUSSERDEM
6 Stieleisformen à ca. 50 ml
  (nach Belieben andere
  Förmchen und Stiele)

1 Für das Eis die Schokolade in Stücke brechen. Sahne in einem Topf erhitzen, Schokolade dazugeben und unter Rühren schmelzen lassen. Nach Belieben Orangenlikör untermischen.

2 Pralinencreme in einen Becher mit Ausgießer füllen und 10 Min. abkühlen lassen. Danach in die Formen verteilen, mit Eisstielen versehen und mindestens 5 Std. tiefkühlen.

3 Für die Umhüllung das Pralinen-Eis aus dem Gefrierfach nehmen und leicht antauen lassen. Inzwischen die Baisers nicht zu fein zerbröseln. Die obere Hälfte des Eises über einen kleinen Löffel mit Schokosauce beträufeln und sofort mit Baiserbröseln bestreuen. Am besten gleich im Anschluss genießen.

GU CLOU

Baiserhülle für Fortgeschrittene: 1 Eiweiß mit 1 Prise Salz und 40 g Zucker zu einer luftig cremigen Masse aufschlagen. Die obere Hälfte vom Pralineneis hineintauchen und den Baiserschaum mit einem Küchengasbrenner (Crème-brûlée-Gasbrenner) rundum ganz leicht bräunen, gleich aufessen.

REGISTER

Abkürzungsverzeichnis:
E = Eiweiß
EL = Esslöffel (gestrichen)
F = Fett
kcal = Kilokalorien
KH = Kohlenhydrate
Msp. = Messerspitze
Pck. = Päckchen
TK = Tiefkühl
TL = Teelöffel (gestrichen)
Ø = Durchmesser

Projektleitung: Sabine Sälzer
Lektorat: Dr. Stefanie Gronau
Korrektorat: Ulrike Wagner
Innen- und Umschlaggestaltung:
independent Medien-Design,
Horst Moser (Artdirection),
Lucie Heselich, Svenja Wamser
Herstellung: Petra Roth
Satz: Kösel, Krugzell
Reproduktion: medienprinzen GmbH,
München
Druck und Bindung:
Firmengruppe APPL, aprinta druck,
Wemding
Syndication:
www.seasons.agency
Printed in Germany

2. Auflage 2019
ISBN 978-3-8338-6941-9

Ein Unternehmen der
GANSKE VERLAGSGRUPPE

www.facebook.com/gu.verlag

DIE AUTORIN

Christa Schmedes lebt mit ihrer Fami-
lie in München und arbeitet seit Jahren für namhafte Zeitschriften- und
Buchverlage. Für dieses Buch hat sie
aktuelle Eistrends aufgespürt und Re-
zepte für jeden Geschmack entwickelt.

DIE FOTOGRAFIN

Vivi D'Angelo Fotografin in München,
hat hier, wie bereits in vielen GU Koch-
büchern, ihre Leidenschaft für gutes
Essen in perfekte Fotos umgesetzt. Dabei wurde sie unterstützt von der Food-
stylistin **Antje de Vries.**

BILDNACHWEIS

Vivi D'Angelo: S. 06-59 und Stepfotos
auf den Klappen
AUEN60 Photography (Julia Schärdel
& Ines Häberlein): S. 01, 05 und
Stilleben auf den Klappen
Autorenfoto: privat
Coverfoto: photisserie,
Kathrin Koschitzki

Umwelthinweis:
Dieses Buch ist auf PEFC-zertifiziertem
Papier aus nachhaltiger Waldwirtschaft
gedruckt.

APPETIT AUF MEHR?

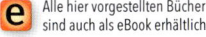

DIE »GU KOCHEN PLUS«-APP

1 APP HERUNTERLADEN

Laden Sie die kostenlose »GU Kochen Plus«-App im Apple App Store oder im Google Play Store auf Ihr Smartphone. Starten Sie die App und wählen Sie Ihren Küchenratgeber aus.

2 REZEPTBILD SCANNEN

Scannen Sie das gewünschte Rezeptbild mit der Kamera Ihres Smartphones. Klicken Sie im Display die Funktion Ihrer Wahl.

3 FUNKTIONEN NUTZEN

Sammeln Sie Ihre Lieblingsrezepte. Speichern und verschicken Sie Ihre Einkaufslisten. Oder nutzen Sie den praktischen Supermarkt-Finder und den Rezept-Planer.